AF343282

DISCOURS DE MARIAGE

DISCOURS

PRONONCÉ DANS L'ÉGLISE DE LA RÉDEMPTION LE 23 OCTOBRE 1888

Par M. l'Abbé TERRAT

Missionnaire de Lyon

A L'OCCASION DU MARIAGE

DE

Monsieur Paul AUDRAN

AVEC

Mademoiselle Joséphine MICHAILLARD

LYON

LIBRAIRIE & IMPRIMERIE VITTE & PERRUSSEL

3, PLACE BELLECOUR, ET RUE CONDÉ, 30

1888

DISCOURS DE MARIAGE

Les fonctions spéciales du saint ministère qui m'est imposé par l'Eglise, ne m'appellent que très rarement à bénir un mariage, et depuis vingt-huit ans, c'est pour la huitième ou neuvième fois seulement, si ma mémoire est fidèle, que j'ai l'honneur de remplir ce devoir. Je vais m'en acquitter avec joie, car je nourris la douce conviction que vos cœurs sont religieusement préparés à ce grand acte de la vie chrétienne et que vos intelligences vont prêter une attention docile et filiale aux conseils affectueux que je prends la liberté de vous donner en ce moment solennel. Nous nous abstiendrons, si vous me le permettez, de tout panégyrique et de tout compliment profane : ces sortes de discours, je le sens, ne conviendraient ni à la dignité dont je suis revêtu, ni à la majesté de ce sanctuaire que Dieu remplit de sa présence. Je me bornerai donc à esquisser rapidement vos nouveaux devoirs; cette prédication sera sans doute moins brillante mais, à coup sûr, plus salutaire.

Dans quelques instants, chers amis, vous allez être irrévocablement unis l'un à l'autre par les liens sacrés du mariage. Mais, qu'est-ce que le mariage? (souffrez que je vous rappelle ces notions élémentaires, que vous avez peut-être oubliées, puisque à l'heure présente les passions et les sophismes coalisent leurs efforts pour battre en brèche cette auguste institution.) Le mariage, nous dit saint Paul, est un grand sacrement, *sacramentum magnum*, non seulement parce qu'il confère la grâce ainsi que les autres signes sensibles institués par Dieu, mais parce qu'il représente en même temps l'union mystérieuse et sainte qui règne entre Jésus-Christ et son Eglise. Pous nous, catholiques, le mariage n'est donc pas une simple alliance entre l'homme et la femme, une pure solidarité d'intérêts ou d'affections pendant notre course rapide en ce monde, mais la vivante image des rapports sacrés, contractés par Jésus-Christ avec son Eglise. Or, selon la doctrine catholique, c'est vous, Monsieur, qui devez, au foyer domestique, représenter Jésus-Christ ; c'est vous, Mademoiselle, qui représenterez l'Eglise, son épouse bien-aimée, et votre mariage sera d'autant plus parfait que vous imiterez plus fidèlement l'un et l'autre les divins modèles que je viens de placer sous vos yeux.

Vous vous conduirez donc, bien cher Monsieur, vis-à-vis votre gracieuse épouse, comme Jésus-Christ se conduit vis-à-vis son Eglise. Qu'est-ce à dire ? Ecoutez :

1° Jésus-Christ n'a qu'une seule épouse qu'il garde éternellement comme son plus cher trésor ; du moment où vous vous serez donnés l'un à l'autre, vous ne pourrez plus vous séparer. Le divorce n'est pas seulement condamné par le saint Evangile, mais il sera toujours réprouvé par les cœurs aimants et délicats. Vous séparer ! ah ! vous n'y songez pas en ce moment, et même la seule pensée du détachement qui, tôt ou tard, sera fatalement nécessité par la mort suffirait à jeter un voile de tristesse sur votre bonheur, si elle s'emparait de vous. Dites-moi, cher Monsieur, n'avez-vous pas frémi, l'autre jour, en entendant le notaire insérer dans le contrat de vos joies cette clause lugubre : « jusqu'à la mort de l'un des deux contractants » ? Parler de mort à deux enfants qui s'apprêtent à savourer les douceurs de la vie, quelle sanglante ironie !

2º Non-seulement Jésus-Christ garde son Eglise avec une inviolable constance, mais il l'aime d'un amour qui fait pleurer les saints. Oui, Jésus-Christ aime son Eglise et il lui prouve son amour par l'autorité qu'il exerce sur elle, les bienfaits dont il la comble et les soins assidus qu'il prend de sa vitalité.

A votre tour, mon cher ami, vous aimerez cette enfant que nous allons vous confier, non pas d'un amour capricieux, frivole et éphémère, mais sérieux, sincère et chrétien.

1º Vous l'aimerez d'un amour de conseil et de protection. C'est à vous qu'il appartiendra de la soutenir dans ses anxiétés et ses craintes.

2º Vous l'aimerez d'un amour d'active prévoyance ; à vous encore de pourvoir, par votre travail et vos économies, aux exigences du foyer domestique.

3º Vous l'aimerez d'un amour d'affectueuse condescendance. Vous saurez compâtir doucement à ses faiblesses et à ses imperfections. Elle est peut-être sans expérience des choses de la vie ; elle aura quelquefois des colères enfantines, des tristesses exagérées, des entraînements irréfléchis, des abattements inexplicables et soudains : ne vous troublez pas. Vous verrez bientôt, c'est moi qui vous le prophétise, ces saillies alarmantes d'une âme encore novice, se fondre et disparaître sous les bénignes influences de votre tendresse intelligente.

En bonne vérité, ma chère enfant, je crois que je viens de vous confesser un peu : pardonnez-le-moi ; mes révélations n'ont rien de compromettant, et déjà tout le monde vous a donné l'absolution.

4° Enfin vous l'aimerez d'un amour progresssif. A droite et à gauche, sur votre chemin, vous rencontrerez des hommes de quarante ou cinquante ans, qui s'en vont sous la coupable protection des ténèbres, solliciter lâchement des beautés étrangères, quand les charmes extérieurs de leur compagne ont péri. Que ces misérables vous inspirent toujours une profonde horreur ? Pour vous, n'est-il pas vrai, mon cher Monsieur, vous vous attacherez avec une affectueuse fidélité aux cheveux blanchis et aux rides vénérables de celle qui, jeune épouse, préparait vos joies et consolait vos larmes. A travers les ruines faites à son corps, par les angoisses, les chagrins, les deuils de famille et les saintes douleurs de la maternité, vous apercevrez son âme immortelle dont le temps n'aura pas amoindri la beauté, et cette âme, vous vous prendrez à l'aimer d'un amour grandissant avec les années, les sacrifices et les vertus.

Vous aussi, Mademoiselle,

1° Vous aimerez votre époux, comme l'Eglise catholique aime Notre-Seigneur Jésus-Christ, son royal maître. Vous l'aimerez d'un amour de déférence et de soumission soit en sollicitant ses conseils, soit en exécutant ses ordres, qui seront toujours inspirés par la bonté, la justice et la raison.

2° Vous l'aimerez d'un amour prévenant et délicat qui saura se révéler à chaque instant, par ces mille tendresses si propres à gagner le cœur de l'homme, et dont la divine Providence vous a donné le secret, comme une légitime compensation des autres privilèges que vous ne sauriez exercer parce qu'il ne vous a pas été donné de les posséder.

3° Enfin vous l'aimerez d'un amour religieux en vous constituant la douce messagère de la foi catholique, dans l'intérieur de votre foyer.

Tout à l'heure, mon cher Monsieur, je me suis permis de confesser timidement mais publiquement votre douce fiancée. Craignant qu'elle ne vous redoute en vous trouvant trop parfait, il faut absolument que je vous confesse un peu à votre tour.

Quelquefois les orages de la jeunesse laissent des rides sur le front de l'homme, des craintes et des défiances dans son cœur, des discours frivoles ou sceptiques sur ses lèvres ; mais combien vite la foi se ranime, la confiance se réveille et les rides s'effacent sous les ardentes prières d'une épouse trois fois aimée !

Vous le voyez, mes chers amis, le mariage chrétien va donc vous imposer de très sérieuses obligations. Aussi faut-il être célibataire ou poète pour en célébrer les perpétuels enchantements. Mais si vous ac-

ceptez loyalement et si vous pratiquez rigoureuse-
ment ces obligations sacrées, si vous devenez l'un et
l'autre les images vivantes du Dieu immortel, pour
parler le langage du concile de Trente : *Immortalis
Dei quædam simulacra*, votre vie alors sera pour
vos contemporains un exemple salutaire et fécond,
comme un magnifique spectacle pour le ciel.

Puis quand vous aurez disposé les berceaux, qui
seront bien frais pour l'été et bien chauds pour l'hiver,
et que les petits enfants viendront frapper à votre
porte, car je demande à Dieu que votre maison ne soit
pas silencieuse comme un désert et vide comme un fir-
mament sans étoiles, avec quel amour vous accueillerez
ces chères petites créatures, et avec quelle intelligence
vous saurez les élever, non seulement en veillant sur
leurs santés, en les comblant de caresses et en leur
préparant un avenir honorable, mais surtout en créant
dans leurs cœurs les mâles vertus qui en feront d'ex-
cellents chrétiens en ce monde et dans l'autre, les
nobles citoyens de l'éternité !

Tels sont, chers époux, les nouveaux devoirs que
vous aurez à remplir. Je me demande avec une sacer-
dotale inquiétude si vous êtes résolus l'un et l'autre
à porter généreusement ce lourd fardeau que je vais
dans quelques minutes jeter sur vos épaules. Grâces
au ciel, une voix intérieure m'avertit que vous êtes
prêts et que votre passé doit me garantir l'avenir.

Pour vous, ma chère enfant, que j'ai eu le bonheur de connaître au sortir de l'adolescence, je sais les trésors de tendresse et de dévouement déposés, dès l'aurore de votre vie, dans votre cœur ingénu, par un père et une mère dont les principes religieux n'ont jamais fléchi, dont la probité n'a jamais été soupçonnée et qui ont aujourd'hui le droit d'être fiers de vous parce que vous êtes non seulement le très doux fruit de leurs entrailles, mais aussi la récompense de leurs travaux, de leurs exemples et de leurs sacrifices. Afin de préparer avec plus de soin votre avenir, ils ont confié la direction de votre enfance, aux mains pieuses de saintes femmes qui pendant neuf ans ont veillé sur votre intelligence, votre cœur et créé votre piété. Ah ! n'en doutez pas, aujourd'hui votre nom est sur toutes les lèvres des bonnes religieuses de Saint-Jean-de-Bournay et sœur Madeleine, elle qui vous a si profondément aimée pendant que vous étiez sa laborieuse et gentille élève ; elle qui si souvent a raffermi votre courage au milieu du monde par des lettres admirables où l'intelligence le disputait à la tendresse, sœur Madeleine a fait aujourd'hui pour vous sa communion la plus fervente afin d'appeler par ses prières et ses larmes, les bénédictions de Jésus-Christ sur votre nouvelle existence. Epouse et mère, vous comblerez ses espérances, comme vous l'avez fait durant toute votre carrière de jeune fille.

Quant à vous, mon cher Monsieur Audran, vous êtes le fils de vos œuvres et vos œuvres sont bonnes pour parler la langue de l'Evangile. Bien que je vous connaisse seulement depuis quelques jours, comment ne m'inspireriez-vous pas la plus légitime confiance ?

Partout et toujours vous avez su conquérir et conserver l'estime et la confiance de vos maîtres. Le devoir vous a fait entendre sa voix austère dès votre première jeunesse, et cette voix vous l'avez fidèlement et religieusement écoutée. A vingt ans la mort vous privait inopinément des conseils et de la direction d'un père. Sans hésitation et sans défaillance vous avez pris sa place et maintenu son autorité dans le secret de la maison. Il y a deux ans c'était votre excellente mère à son tour qui vous était ravie, et si le souvenir d'un pareil malheur pouvait jamais s'effacer de la mémoire, j'affirme que vos deux jeunes sœurs l'auraient depuis longtemps oublié, grâce à la vigilance et aux chastes tendresses dont vous les avez continuellement entourées. Père et mère tout à la fois vis-à-vis d'elles, je vous demande de leur continuer ce doux patronage que vous avez si bien exercé jusqu'à ce jour. Plus que jamais, elles auront besoin de votre visage, de vos conseils et de vos services. Puis, faut-il vous dire toute mon ambition ? Je voudrais les voir et les entendre s'écrier dans cinq ou six mois : « En mariant notre frère, nous ne l'avons point perdu, mais nous avons conquis une belle et très bonne sœur de plus. »

Tels sont les vœux que je forme en ce moment pour vous, mes chers enfants ; tels sont aussi les sentiments de toutes les personnes accourues à titre de parents ou d'amis à cette fête de famille. Puisse Dieu les accueillir et les avoir pour agréables ! Puisse l'auguste victime qui va s'immoler sur l'autel, pendant le saint sacrifice de la messe, faire descendre sur vos têtes si chères les grâces et les forces qui doivent, en éternisant votre union, préparer et consommer votre félicité nuptiale.

Ainsi soit-il.

Lyon. — Imp. Générale Vitte et Perrussel, 3o, rue Condé.